Cada hoja aquí, cuenta...

Cada hoja aquí, cuenta...

Aurora Romano de Fasja

Primera edición 2015

Queda prohibida la reproducción total o parcial de esta obra incluido el diseño tipográfico y de portada sea cual fuere el medio, electrónico o mecánico, sin el consentimiento por escrito del editor.

Imagen en portada:
Aurora Romano de Fasja

Diseño de portada:
Rosy Fasja Romano
Federico Martínez

©ARCHITECTHUM PLUS S.C.
Díaz de León 122-2
Aguascalientes, Aguascalientes
México CP 20000
libros@architecthum.edu.mx

ISBN 978-607-9137-19-9

Al amor de mi vida... Marcos
A mis hijos
Rosy y Joe
Margot y Abraham
Jaime
Isaac

A mis nietas
Aline y Ariela

Con profundo agradecimiento a mis padres, Isaac y Margot

...Y para todos aquellos que con tanto cariño siempre me recordaron que era una cuentera
¡gracias por creer en mí y en mis cuentos!

Introducción

En la vida nos contamos cuentos de muchos tipos y variedades que nos sirven para entender la "dizque" realidad inalcanzable en la que nos proponemos simplemente vivir. Escuchamos por ahí "¡Qué te cuento!" "¡Ya puro cuento!" "¡Son puros cuentos!" "¿Qué cuentas?" "¡No me cuentes!" y muchas otras expresiones parecidas a éstas. El asunto es que todos tenemos nuestros cuentos, historias que nos ayudan a traducir la existencia.

Son estos cuentos que nos contamos, los que nos permiten acceder a este mundo indefinible por naturaleza e intangible por definición. Por eso hay tantos líos entre las relaciones humanas. Y es que, como cada quien trae su propio cuento, pues a ver cómo nos ponemos de acuerdo.

Lo cierto es que, gracias a los cuentos que nos contamos, lidiamos muchas veces con la vida. Por eso a continuación les comparto algunos de los cuentos que me he contado en algún momento de mi vida, que me han ayudado a entender y ponerle algo de humor a la vida, ¡Ojalá les gusten!... Y si no, ¡pues a otro cuento!

Aprender a hablar

A veces pienso, ¡qué chistosa es la vida!

Un bebé aprende hablar en un año aproximadamente, y los papás, desatados de emoción, festejan en el bebé la más mínima manifestación de lenguaje. "¡Ya habla!", dicen emocionados. "¡Ya dijo agua! ¿Viste cómo dijo mamá? ¡Óyelo! ¡Óyelo! ¡Qué precioso ya dice "abuelita"! Y así, entre mimos, sonrisas y aplausos, aprendemos poco a poco a hablar, sin saber que, esto que nos toma relativamente poco tiempo y es animado con "bombos y fanfarrias", nos traerá también sus complicaciones. Ya anticipamos el problema cuando "sueltitos" al habla, nos animamos a decir todo cuanto nos pasa por la cabeza y entonces nuestros padres, educadores incansables, decididos a hacer de sus bellos críos un ejemplo de prudencia e inteligencia, deciden empezar el contra ataque. Y ahora resulta que, aquello que tanto nos aplaudieron al comienzo, ahora les apena, les enoja y nos trae consecuencias negativas. Y empieza el "¡Cállate, no hables así! ¡No digas eso! ¡Ni lo repitas! ¡Mejor dilo de otra forma! ¡Eso ofende! ¡Di por favor!" Y bla, bla, bla. Tristemente nos empezamos a dar cuenta de que no todo lo que decimos es maravilloso.

Se inicia un conflicto que encuentra su salida en la adolescencia, con el: "¡Ya bájale jefa! ¡No es para tanto! ¿Y qué dije? ¡No exageres!" El adolescente intenta mostrar que esta exagerada disciplina verbal no sirve para nada.

Nos hacemos adultos y nos encontramos con una cruda realidad: la responsabilidad que tenemos que asumir, nos guste o no, de cuidar las palabras que decimos. Nos vamos dando cuenta de que con ellas podemos inspirar, motivar, ofender, devaluar, reconocer, ignorar, apoyar, expresar, esconder, etcétera. Bueno, para qué digo más. Hoy sencillamente me pregunto ¿Por qué aprendemos hablar en tan solo un año, ganando tantos mimos por este logro, mientras que dominarlo y aprender a usarlo asertivamente nos tomará toda la vida? Sinceramente les confieso: me da risa pensar que "¡nos toma un año aprender a hablar y toda una vida aprendernos a callar!".

Ver el mundo desde la ventana

Alguna vez de niña escuché la frase "¡ver el mundo desde la ventana!"

"¿Que qué?", me dije, "¡Eso es horrible!" Y me vino la imagen de alguien en una silla de ruedas, asomado desde su ventana, observando lo que sucede afuera, mirando con añoranza, ya que sabe que ver es la única posibilidad que tiene para interactuar con el mundo, víctima de su discapacidad.

De cuando en cuando me invade esa misma sensación que de niña me angustió al escuchar la frase "ver el mundo desde la ventana". Esto me sucede cuando me percato de esa ventana que voluntariamente hemos puesto en la sala de reunión familiar, ventana con el mejor equipo de sonido y clara transmisión que nos permite voluntariamente declararnos paralíticos y discapacitados para vivir al dejarnos sucumbir por el triste destino de tener que ver el mundo desde esa ventana llamada "televisor"; aquella que cada día nos enseña más de lo que sin darnos cuenta nos excluye de vivir.

Tips para el viajero

Tengo un pequeño truco que me parece interesante compartirlo para aquellos viajeros que sufren del malestar incongruente que produce la resistencia de no querer viajar cuando se sabe que en breve le espera a uno un viaje prometedor y divertido

El asunto es que antes de viajar, a algunas personas les pasa, y realmente no entiendo bien por qué les sucede, que la cabeza se propone sabotear al viajero mandándole mensajes como estos: "¡para qué vas!, ¡qué flojera!, ¡tienes mucho trabajo!, ¡con tanto terrorista y avionazos mejor quédate en tu casa!", "¿y si hay mal clima?", etcétera.

La cabeza se propone inventar un sin fin de inconvenientes que sólo tienen la intención de desmotivar al viajero quien, finalmente, tenaz en su decisión, emprende el viaje y vence la resistencia al decidir no escuchar lo que le dice su cabeza.

Afortunadamente, al lograr vencer las resistencias, puede vivir las delicias de viajar, romper la rutina, visitar sitios distintos, contemplar atardeceres, relajarse, conocer, explorar, etcétera. Tanto es así que, gracias a un viaje, el alma se alimenta a tal grado que queda convencida de que ¡viajar es sin duda uno de los más grandes placeres de la vida!

Pero el problema vuelve en cuanto se aproxima el día del regreso del viaje, y, nuevamente, la mente traicionera comienza a dar problemas y a decir: "¡qué horrible regresar, me gustaría quedarme aquí a vivir!", "¡aquí si se vive bien!" "¡qué vida tendría aquí tan tranquila y relajada alejada de los problemas!". La resistencia al regreso ejerce su plan macabro de evitar nuevamente que el viajero logre su cometido: regresar a su hogar. Y ni se diga al llegar a casa, cuando algunas personas se ven obligadas a hacer frente a la depresión post-viaje, cuando se percatan de la realidad de que el viaje ha terminado y deben volver a la rutina.

Entonces, frente a lo anterior, yo he encontrado un antídoto que les quiero recomendar. Es simple y sencillo, ¡pues ahí les va!, espero que les funcione con este dilema traicionero y cruel que suele en ocasiones martirizar al viajero. Usted debe poner en un frasco imaginario esa sensación de resistencia que se siente antes de partir, esa que nos hace sentir la pertenencia a nuestro hogar y que nos dice cuál es el caso de viajar si, "aquí estoy muy a gusto". A ese frasco ponerle la etiqueta que lea así, "¡Abrir sólo al regreso!". Y después, en otro frasco imaginario, igual del mismo modelo y tamaño, guardar la sensación de resistencia que se siente antes de regresar, esa que nos hace pensar que dejaríamos todo por quedarnos ahí a vivir. Guardar esa sensación en el frasco y escribir la siguiente frase; "¡Abrir antes de viajar!". Y así, asunto resuelto. Nos lleva a viajar y dejar el hogar el sentimiento certero de placer que inunda el alma después de un viaje, y nos trae de regreso el sentimiento único que da la pertenencia a lo nuestro, nuestra casa, nuestra familia, nuestra patria y nuestro hogar. Así, ir y regresar se han vuelto para mí más fácil y placentero.

Me voy con el placer del regreso y me regreso con el placer de la ida. No tienen nada que perder, así que les recomiendo intentarlo. Pero eso sí, ¡recuerden llenar bien los frascos, etiquetarlos correctamente y guardarlos en un lugar seguro de su mente!

¡Saludos y buen viaje!

Lo "Funda-Mental"

Las palabras me parecen a veces chistosas. En ocasiones esconden bromas, consejos y advertencias que nos suelen pasar desapercibidas. Por ejemplo, la palabra "fundamental". Cada vez que la escucho, me río, pero internamente, ya que no quisiera que la persona que la usa, tan convencida de su palabra "indispensable", se sintiera ofendida. ¿Pero qué no se da cuenta, que justo cuando señalamos que algo es "fundamental", estamos afirmando lo contrario? ¡No es más que una "funda mental"! Es decir, algo que le ponemos a la mente para no pensar libremente. ¡Espero que nos demos cuenta que nada es "fundamental", ¡sólo no dejarnos "en fundar" la mente!

Por otro lado, sabemos que existen esos grupos que solemos llamar "fundamentalistas". Al parecer, son grupos que han decidido "enfundarse el cerebro en grupo" y se dedican a "enfundar" al que se deja.

Además, existe otra modalidad de pensamiento desinhibido y desestructurado, que lo portan francamente, sin pena, ni vergüenza los *"sin funda mentos"* o *"des fundados"*. Esos que van por ahí sin una "funda" que les de estructura a su pensar. Hablan lo primero que les viene a la mente, se creen lo que les viene en gana, señalan, opinan, declaran y actúan. Sin un freno, van por la vida como desbocados mentales. Por lo que la única salida parece ser que aparezca el "sentido", que ponga orden entre las "fundas mentales" y los "sin *funda mentos*". El "sentido" que pone en manifiesto, que sin sentir, el pensamiento simplemente no tiene "sentido" ¡ni con funda, ni sin funda!

Decir "no" es seguro el "sí" es incierto

Me acabo de dar cuenta hoy, a mis 43 años de edad, del verdadero significado de las palabras "sí" y "no".

Palabritas chiquitas, simples, fáciles de expresar y de aprender. Son palabras que aprendemos a repetir muy tempranito en nuestras vidas, pero que tardamos años en entender lo profundo de su significado.

Entiendo ahora que cada vez que digo que "no" digo "¡No me muevo!" "¡Me quedo aquí con lo conocido, con lo que no quiero dejar!"

En pocas palabras, un "no" es estático, es rígido y marca una raya de permanencia.

Un "sí" es incierto, abre un abanico de posibilidades que implican riesgos, cambio y movimiento; implica lo impredecible, lo que no podemos retener y lo que nos promete algo que, por desconocido, reta, mueve y nos descoloca.

No veo cual palabra sea la mejor, ni la más atinada. Es decir, ninguna gana. Es la combinación de "sí's" y "no's" la que da ritmo, pausa y armonía por la entremezcla entre movimiento y pausa.

Lo que sí me parece importante de re-pensar es si nuestra tendencia es los "no's". ¿A qué le tenemos miedo? Y si nuestra tendencia es al "sí", ¿qué no queremos conservar? El no limitar o el limitarse en exceso son modalidades y tendencias que determinan y abarcan nuestro transitar por la vida, abriéndonos al mundo o cerrándonos a él, ambas necesarias en la armonía de nuestro andar por la vida.

Lo imperfecto

Entre lo perfecto, lo que es capaz de proyectar nuestra mente y lo real, hay un gran espacio que muchas veces se traduce en frustración, enojo y descontento. Hasta que aprendemos que, precisamente, esa es una de las preguntas que nos hace la vida: ¿qué vas hacer entre lo ilusorio de lo perfecto que puedes imaginar y lo mortal terrenal imperfecto y predecible que tienes que vivir a diario?

Es ahí donde está el reto que nos obliga a lidiar con esta distancia de manera creativa y, así, hacer de esta vida un juego divertido y fascinante.

Hacerse cargo

¿Cuál será la importancia de "hacernos cargo"? ¿Será simplemente, "¡yo cargo! y aguanto lo que me toca y no ando pidiendo prestado a otros que carguen por mi"?

Me parece que hacerse cargo es aprender a sostenernos con nuestra propia dimensión, es tomar responsabilidad de nuestros sentimientos y actos. Hacerse cargo es la bienvenida al mundo de los adultos que, aunque tengamos la edad que indique que somos mayores de edad, no es hasta que adquirimos la capacidad de hacernos cargo de nosotros mismos que realmente podemos sentirnos parte de esa generación. Hacerse cargo significa asumir, afrontar, contener, anticipar, intencionar y prevenir nuestros actos, sentimientos y pensamientos. Cosa nada fácil ¿no creen? Si fuera fácil entonces, como dicen por ahí, "¡otro gallo cantaría!" Pero por el momento, vamos a vivir, con los cargos y encargos de otros, pero haciéndonos por lo menos cargo de lo nuestro, ¿no creen?

Entre "deschavetados" y "averiados" te veas

Existen varios tipos de personas. Hoy quiero hablar de dos de ellos: los "deschavetados" y los "averiados".

Los "deschavetados" son individuos que dan la impresión de normalidad, que por ellos no pasan ni tristezas ni alegrías, no hay nada ni nadie que les afecte su estado inmenso de normalidad; se les ve transitando por la vida en un solo tono, que parece un "fa". No se mueve ni a "fa sostenido" ni a "fa bemol", simplemente un "fa". No llegan a ser ni aburridos ni divertidos, son normales. Nada les preocupa, nada les interesa, ni tampoco dan pista de la mínima curiosidad. Son rutinarios y predecibles.

Les platico de los "averiados", mis preferidos porque en este tipo de personas se ve cómo cambia su tonalidad y ritmo. Pueden ser un "do", un "mi", regresar a un "re" y de repente ser un "sol". Así, sus matices varían creando una armonía multitonal. Tienen boquetes que algunos aprendieron a tapar con chicle bomba de distintos sabores. Si se abre algún boquete, ya sea el del miedo, del abandono, de la envidia, la agresión, la alegría o la pasión, buscan en su bolsillo interno ese chicle bomba, tal vez de uva o de limón, que cubra el afecto en cuestión. Y así modulan la emoción, sin negarla porque pueden percibir la bomba morada o verde que surge de ese boquete en su interior, pero que, gracias al maravilloso chicle bomba, no lo deja del todo "deschavetado", tenso, paralizado y desvitalizado. Le permite ser simplemente un "averiado", que sabe que frente a cualquier sentimiento, sólo tiene que elegir, ya sea por sabor o por color, qué chicle es el conveniente. Un poco de inhalación y exhalación y, ¡ya está!

La bomba se infla del tamaño necesario, dejando ver la tonalidad del chicle en el interior. Lo que la mayoría de las veces suele dibujar en ellos una sonrisa ligera y discreta de complicidad, algo así como "¡yo y mi chicle!"

A veces pienso que los "deschavetados" no serían tan tiesos si alguien les hubiera enseñado las bondades del chicle bomba.

Los bien planchados

Me pregunto si saber planchar es más importante de lo que parece.

Quizá sea darme cuenta de que ser mamá tiene mucho que ver con saber planchar. Noto que hay gente que anda por ahí bien planchada, ni aplanada ni almidonada. Esto no se ve, se siente. Entonces pienso "¿*quién* se tomó el tiempo de alisar con vapor calientito las arrugas que en otros individuos son tan evidentes?"

Aunque planchar actualmente resulta anticuado, y la moda dicta las prendas arrugadas y rotas que nos liberan de planchar, vincularse, al igual que planchar, implica un esfuerzo que permite que la prenda y el que la porta luzca lujoso, con su mejor ver y sentir.

No dividido, in-dividuo

Un individuo es aquel que logró armar su rompecabezas de tal manera que, sin huecos ni grumos, ha quedado armado de una pieza, lo que se hace evidente en su hablar, caminar y actuar. Es claro que este individuo ya no anda por ahí "dividido", esparcido, desparramado, sino que se unificó y ahora es un individuo. No es un sujeto de otros y para otros. Esto es lo que en *idish* me parece se le llama *Mensch*, que define a ese varón unificado que por ética y humanidad sobresale. Pero qué broma que no existe una palabra que defina esa cualidad en femenino ¿qué no hay mujeres unificadas? ¿Todas tendremos la condena de ir por ahí destartaladas, desarmadas, haciendo pseudo-intentos de existir? o ¿Tendremos que innovar, inventar y re-inventar, la palabra individua? O, ¿qué se les ocurre? ¡Se aceptan sugerencias!

Cumplir las expectativas de otros

Es interesante como, de pronto, cosas que por largo tiempo nos han pasado desapercibidas, un buen día se vuelven evidentes. Al parecer, en la vida, mientras que cumplamos las expectativas de los otros, todo es cordialidad, pero las dificultades comienzan cuando en nuestro actuar no hacemos eso que el otro espera o necesita de nosotros. Ahí es donde pasamos de ser gente agradable a ser motivo de crítica, agresiones, exclusión y, en el peor de los casos, maltrato. Hoy no encuentro todavía la solución a este conflicto. Lo único que puedo pensar como posible solución, es un espléndido claro y mayúsculo "ME VALE", pero después me atormenta una vocecita odiosamente angelical que me dice "¡Hay que convivir en sociedad!", y lo muy trillado de llevar relaciones en paz y cordialidad. No encuentro otra salida más que entender que así es la vida y lidiar con estos asuntos, con un poco de humor, al ver los distintos grados de intolerancia que presentan los demás frente a lo diverso. Eso sí, estar conscientes nosotros de no repetir esta misma actitud de intolerancia hacia los demás.

Ser alguien

De sobra sabemos que en algún momento de nuestras vidas acariciamos el deseo de "ser alguien". Quién sabe por qué idea más extraña en la escuela nos platican tanto de "grandes hombres", "personajes ilustres", "gente que cambió la historia". Es así que comienza el engaño en el que nos hacen creer que por ahí va la cosa, que la felicidad y el éxito son parientes cercanos de la fama. Toma una vida salir de este malentendido, y entender el verdadero significado de ser importante y valioso, es decir, ¡ser uno su propio personaje ilustre! Y además con la gran ventaja de pasar desapercibido.

Me dan ganas de escribirle a mí admirada maestra Martha de la primaria y decirle: ¿Qué no me podías haber pasado el *"tip"* de que la búsqueda era interior? Mucho te lo hubiera agradecido que me previnieras que no todo lo que brilla es oro, que lo que nos hace felices viene de dentro, y que lo que los demás piensen u opinen de nuestras vidas, nada tiene que ver con lo que nosotros sentimos o somos.

Así que, ¿para qué perder el tiempo con tonterías de ser reconocido? Al fin y al cabo es por mucho más divertido ser nadie siendo grande. Ojalá mi adorada maestra Martha me hubiera enseñado el valor de ser un héroe anónimo y no tantas clases aprendiendo de los Niños Héroes y de los ilustres personajes de la Revolución y de la Independencia.

Ser sin ser

Muchas veces, a lo largo de nuestras vidas, pensamos "¡quiero ser alguien!" Cuando somos niños soñamos con ser maestra, cocinera, cantante, astronauta, bombero, presidente, etcétera. Son tantas las ilusiones que de niños tenemos que, a lo largo del camino, vamos creciendo y los sueños que teníamos se van desvaneciendo. En otras situaciones, estos anhelos se inflan como inmensos globos de ambiciones inalcanzables, o, en otros afortunados casos, vemos que hay quienes tienen la fortuna de ver sus sueños hechos realidad y decir "¡Estoy viviendo eso que siempre soñé!"

El punto es, sea el caso que sea, sí existe un sentimiento de ser que es incoloro, y que nada tiene que ver con la profesión, ni con el rol social que desempeñemos en esta voraz sociedad. Es ese sentimiento de "Ser" que es mucho más que ser, es saberse existiendo. Es el ser y saber que se "Es", lo que da una sensación de fortaleza interna, de seguridad, y de unión personal que no nos la da ni el ser presidente, ni el ser artista. Es sólo saber que se "es" y vivir "siendo" y, la mejor parte, "¡que nadie se percate de ello!"

Ser sin ofender

¡En que lío de vida vivimos!" pienso a veces. Somos seres individuales y únicos, o por lo menos eso deberíamos ser. Estamos en la lucha entre ser como los demás y dejarnos ir siguiendo la corriente, seguir la moda, consecuentar lo que otros marcan como positivo, etcétera... O bien, por otro lado, luchar por no perdernos en la inundación de medios que nos saturan con mensajes que dictan lo positivo, lo que debemos ser y querer.

Algunos eligen seguir el dictamen externo y les viene bien. Otros, sin pensarlo mucho, van por ahí adaptados pero ansiosos y vacíos. Pero también andan otros afortunados que logran no diluirse en esta unificación masiva. Para estos ingenuos valientes parece que el camino no es fácil; se perciben internamente con deseos, posturas y ambiciones, distintas de los demás. Y, aunque en el afuera se hable de una disque tolerancia a los pensamientos de otros, estos sujetos no fusionados se cuestionan constantemente si manifestar su forma de pensar y ver la vida y, lo más difícil, cómo y de qué manera para ser respetado y a la vez no agredir al otro.

Por lo que, muchas veces, la opción es no decir nada o decir "bueno, está bien", porque al fin y al cabo, como se dice por ahí, "¡Cada cabeza es un mundo!" Lo sabemos, pero la condena de que tantas cabezas tengan que compartir el mismo mundo, eso es lo que me deja mucho qué pensar.

Aburrimiento

¡Sí, ya me aburrí!, pero de verdad un *a- burrí* que viene de la palabra "burro". Burro es un animal que aparenta ser torpe, si se le compara con el caballo que es brioso y libre. Por eso digo ya me *a-burrí*. Porque esta plática de "burros", no es de caballos briosos y libres, es de la torpeza que expresa el deleite de hablar y hablar de otros "burramente". Proyectando en ellos nuestras propias carencias, entonces entre burros, pues ¿qué queda? "aburrirse" y la recomendación sería: "¡No seamos burros!" Mejor hablemos de otras cosas y no de otras personas, ¡porque eso sí que *a-burre*!

La envidia

¡Ya siéntanla por favor!

¿Saben que las personas traemos algo así como un *chip* pre-cargado, con un *software*, que nos capacita para sí tener toda clase de sentimientos, sin por eso ser "pecadores"? En serio lo digo, porque con estas tonterías de que hay "buenos" y "malos" sentimientos, estamos metidos en un lío.

Entonces, vamos aclarando:

Los sentimientos "son" y punto.

Son como son, y no como queramos que sean, simplemente son.

Estamos tan mal acostumbrados a controlarlo todo, que hasta eso queremos controlar.

¡Pues no!

Los sentimientos son esa parte indomable de nuestro ser con la que tenemos que aprender a llevar la fiesta en paz, porque si no vienen los líos. Como éste del que la mayoría de las personas insisten en negar, y se tratan de convencer sin éxito que su *software* no puede traer cargada la envidia, y no hace más que tratar de descomponer su propio *chip* pre-cargado para no asumir que también un afecto es la envidia, y que no es que les falle su programa interno. Lo que hacen es engañarse, con que el programa defectuoso es el del otro jugador.

Pero el secreto es este: tu chip está funcionando bien, no te asustes, la envidia no es mala, es la alarma de que por ahí estas por perder el juego, algo así como un *"game over"*. Estas descuidando esa área, es un "bip bip". O sea, que te recomiendo que mejor te dejes sentir la envidia y no andes por ahí tratando de hacer que los otros pierdan el juego. Mejor concéntrate en tu juego. Adquiere habilidades y fíjate en tus carencias, no te asustes del "bip bip" de alarma, nos suena a todos, y no por eso somos pecadores o perdedores.

La amistad

Como dice el dicho: "¡Quien tiene un amigo tiene un tesoro!" Vemos por ahí tantas personas ambiciosas coleccionando amigos como si fueran tesoros. Andan por ahí contentísimos con el cofre tan llenito de tesoros que están seguros que poseen. Pero de repente algunos caen en cuenta que esos cofres del tesoro no existen. Se dan cuenta que hace mucho, cuando existían los tesoros, primero había que buscar un mapa que nos guiara al sitio donde había quedado escondido. Después, si con suerte se llegaba al sitio marcado en el mapa, había que excavar y excavar con el riesgo de que ese no fuera el lugar señalado, o que tal vez alguien se les hubiera adelantado y ese añorado tesoro ya no estuviera ahí. Así que, por ahí uno en un millón encontraba el preciado tesoro, hoy en día sería como ganarse la lotería.

Repensemos el dicho "Quien tiene un amigo tiene un tesoro...". Parece que es cuestionable. ¿De qué tipo de tesoro estamos hablando? Porque, sin duda, lo que para unos es valioso y atesorable, para otros no lo es tanto. ¿Cómo se consigue? ¿A qué precio? Habría que ver que se requiere para conseguir ese tesoro y luego ver si se está dispuesto hacer el esfuerzo para conseguirlo y, nuevamente, cada quien sabrá qué esfuerzos está dispuesto hacer, ya que hay de esfuerzos a esfuerzos, y si no, que le pregunten a Indiana Jones.

Queda claro que esto de buscar tesoros no es cosa fácil. Es mejor no andar por ahí buscando tesoros, sino sólo buenas compañías, alegres y animadas, para pasar de cuando en cuando unos ratos agradables, ¿no creen?

Rico es...

Rico es el que tiene tiempo...
    Y no se asusta y lo malgasta.
    Lo disfruta y lo vive.

Vivir en otro lado

Por muchos años contemplé la idea de irme a vivir a otro lugar donde, de manera ilusoria, yo imaginaba que los conflictos y dilemas del día a día se resolverían en esa "tierra prometida", ese otro lugar que, por distante, nos permite idealizarlo de manera irreal.

El tiempo y la experiencia hasta hoy adquirida me dan el permiso de renunciar a seguir proyectando una vida lejos, y me permiten apoderarme de mi propio lugar de residencia.

Ahora ya no me quiero ir a vivir a otro lado. Más bien, ¡otro lado vino a vivir conmigo! ¡Ahora, tanto ventajas como desventajas, viven bajo el mismo techo! Y yo emocionada día a día aprendiendo de la vida, disfrutando lo que se pueda y dando lo mejor de mí en un mundo real.

Manual de vida

A veces me pregunto: "¿Por qué no nacemos con un manual? ¿Qué no todo aquello que requiere de información previa para su buen funcionamiento trae incluido un manual?" Entonces, ¿a nadie se le pudo ocurrir lo útil que sería traer ya nuestro manual al nacer? Un manual que nos informara desde qué comidas nos vienen bien y cuáles debemos evitar. Algo así como "consumir únicamente leche deslactosada", o que nos señalara que debemos evitar gente ruidosa, alejarnos de aquel que va por la vida con aires de grandeza o "no le creas a nadie que hable desde el púlpito", "escucha con reservas aquel que todo lo sabe" o que nos indicara "cuáles relaciones nos ayudan a crecer y cuáles nada más nos estancan", o qué se yo, tantas y tantas cosas que por falta de manual andamos muchas veces sin dirección en la vida.

Pero el asunto es que la cosa no es tan fácil. La realidad es que somos instrumentos delicados, que llegamos a este mundo sin manual y que con el paso del tiempo y nuestra propia capacidad de comprensión, nos vamos haciendo nuestro propio "manualito" donde vamos tomando nota de quiénes somos, cuáles son nuestras preferencias, nuestras aversiones, etcétera.

Y luego lo que sucede es que, cuando pensamos que ya tenemos nuestro manual, resulta que, eso que habíamos pensado que funcionaba, de pronto ya no aplica. Así se pasan los días, hasta que ya nos vamos sintiendo que medio ya le sabemos a este "rollo" de vivir y nuestro manual cada vez va quedando más clarito y ¡qué creen! Pues que nos empiezan a fallar las piezas.

Entonces pienso, "menuda broma esta de vivir ¿no? Nos pasamos la vida haciendo un manual de vida y, cuando ya más o menos lo tenemos claro, ¡pues que nos empieza a fallar la máquina!" En serio que parece una mala broma. Todo se facilitaría si alguien amablemente nos hubiera hecho el favor de incluirnos un manual. ¡Pero qué le vamos hacer! En algo nos teníamos que entretener mientras que se nos pasaba la vida, ¿no creen?

Y al final... es sólo un panqué de caja

Me queda claro que, si de saber las verdades se trata, los humanos somos especialistas en el engaño, y no por mentirosos. Me refiero a la complicada tarea de vivir, porque, si no fuera así, ¿por qué tanto merengue?

Al parecer tenemos la necesidad de cubrir, adornar, matizar, decorar... ¡Y qué se yo, cuántas técnicas y mañas que aprendemos a lo largo de la vida para no ver la realidad! ¿Será que nos duele y nos desilusiona tanto darnos cuenta de que, por más merengue, chocolates, pasitas, dibujitos, confeti, y demás que le pongamos, al final es sólo un panque de caja tipo "Suandy"[1], como el que llevaban a los cumpleaños escolares mis compañeros? Un pastel sin tanto adorno ni merengue. Porque, ni tan grandiosos sus cumpleaños, ni tan abnegadas sus mamás.

¡Por favor, no pierdan su tiempo con tanto adorno, al final es sólo un panqué de caja y punto! Rico, práctico y predecible, sin tanto merengue.

---

1 Panqué ochentero económico que se compraba en caja en el supermercado.

Ver lo que hay

Cuando logras ver la vida como es y tolerarla, así, tal como es, sin querer cambiar las cosas que nunca van a cambiar, aceptas; y entonces, las cosas adquieren su verdadero tamaño, y tú también.

Las cosas

¡Las cosas son como son! Y punto
   No son, como me imagino que son,
   Ni como quiero que sean,
   Ni como deberían de ser,
   Ni como eran,
   Ni tampoco como me dijeron que tenían que ser,
   No como soñé que serían,
   Ni como podrían ser.
   ¡Simplemente y sencillamente las cosas SON como son!

Tan, Tan.

Y punto

Soy como soy,
    No como debería de ser,
    Ni como me dijeron que sería,
    Ni como quieren que sea,
    Ni como me gustaría ser,
    Ni como fui,
    Ni como seré,
    Simplemente soy como soy y punto.

¿Y ahora qué sigue?

Una vez que ya queda claro que las cosas son como son, que sin merengue, sin maquillaje, con boquetes y averiados, helados, refinados y demás, lo que nos queda es, ¡cada quien lo suyo!

¡Sí que es duro ver la realidad! Pero más vale tarde que nunca, y ya sin tantos cuentos, ¡a disfrutar la vida!

Índice

Introducción	7
Aprender a hablar	9
Ver el mundo desde la ventana	11
Tips para el viajero	13
Lo "Funda-Mental"	17
Decir "no" es seguro el "sí" es incierto	19
Lo imperfecto	21
Hacerse cargo	23
Entre "deschavetados" y "averiados" te veas	25
Los bien planchados	27
No dividido, in-dividuo	29
Cumplir las expectativas de otros	31
Ser alguien	33
Ser sin ser	35
Ser sin ofender	37
Aburrimiento	39
La envidia	41
La amistad	43

Rico es...	45
Vivir en otro lado	47
Manual de vida	49
Y al final... es sólo un panqué de caja	51
Ver lo que hay	53
Las cosas	55
Y punto	57
¿Y ahora qué sigue?	59

www.ingramcontent.com/pod-product-compliance
Lightning Source LLC
Chambersburg PA
CBHW051716040426
42446CB00008B/916